Raymond Dit Belleroche Poisson

Lubin ou le Sot vangé

Texte et illustration de couverture : © domaine public
Edition : Culturea (Hérault, 34)
Contact : infos@culturea.fr
Retrouvez notre catalogue sur http://culturea.fr
Imprimé en Allemagne par Books on Demand
Design typographique : Derek Murphy
Layout : Reedsy (https://reedsy.com/)

Dépôt légal : janvier 2023
Tous droits réservés pour tous pays

ISBN : 9791041910618

Table des matières

PERSONNAGES.

LUBIN, ou le sot vangé.

LUBINE, femme de Lubin.

LE COMPERE, amoureux de Lubine.

M. RAGOT, amoureux de Lubine.

CROQUILLON, valet du Compere.

La Scene est à Paris.

SCENE PREMIERE.

M. RAGOT, LUBINE.

LUBINE.

Quoy ! vous osez, Maistre Ragot,
Maistre importun, & maistre sot,
Me venir rendre encor visite,
Moy qui vous hais, & vous évite,
Comme l'on évite la mort !

M. RAGOT.

Ne vous emportez pas si fort,
Lubine, voicy la derniere :
Vous estes pour moy chaste & fiere,
Mais le Compere a tant d'appas
Que pour luy vous ne l'estes pas.

LUBINE.

Vous l'avez dit, qu'en peut-il estre ?

M. RAGOT.

Rien, car vous n'avez point de Maistre :
A dire vray que craindriez vous ?
Vostre mary roüé de coups,
De vous & de l'heureux Compere,
Qui mange chez vous d'ordinaire ?

Et qui je pense y couche aussi ?
J'en aurois fort peu de souci,
Mais vous me traitez d'une sorte....

LUBINE.

Faites vos plaintes à la porte,
Je suis lasse de l'entretien
D'un homme plus sot que le mien.
Elle rentre.

M. RAGOT.

Ah ! c'est trop m'épriser ma flame ;
Je m'en sçauray venger, infame,
J'encourageray ton mary,
Je chasseray ton favory ;
Enfin je m'en vay dans ma rage
Te faire un diable de ravage,
Dés aujourd'huy ton sot époux
Te donnera deux mille coups :
Mais pour commencer cet affaire,
Allons empaumer le Compere.

SCENE II.

LE COMPERE, CROQUILLON.

CROQUILLON.

D'où vient ce grand empressement ?

LE COMPERE.
Il regarde sa montre avec empressement.

Il est huit heures justement,
C'est l'heure qu'elle m'a donnée.

CROQUILLON.

Je ne sçay point de haquenée,
Dont l'amble....

LE COMPERE.

Veux-tu m'obliger ?
C'est icy l'heure du Berger,
La manquer !

CROQUILLON.

Mon maistre extravague.

LE COMPERE.

A propos donne moy ma bague.

CROQUILLON.

Mais Lubin ce pauvre Jobet,
Qui va querir comme un Barbet,
Et qui vous rapporte de mesme,
Dont la patience est extrême,
Ce mary plus battu qu'un chien,
Qui voit beaucoup, & ne dit rien,
Enfin ce plus sot que tout autre,
Dont la femme est, je croy, la vostre,
N'est-il pas sur votre journal
Marqué pour un original ?

LE COMPERE.

Donne donc, il est fort commode.

CROQUILLON.

Il n'en amene pas la mode,
On le pratique en toutes parts :
Diable la mode des Cornards
Est une mode d'importance ;
On ne la change point en France,
Les autres durent quinze jours,
Mais celle-là dure toûjours.

LE COMPERE.

C'est l'objet de ta raillerie.

CROQUILLON.

Il revient de la boucherie
Querir une teste de veau ;

Il vient de rentrer.

LE COMPERE.

Mon anneau :
Que ta longueur me desespere !

CROQUILLON.

Vous allez donc voir la Commere ?

LE COMPERE.

Oüy, maudit traitre, en cét instant
Que tu jases, elle m'attend ;
Et c'est pour finir mon martyre....

CROQUILLON.
Il donne la bague.

Courez, je n'ay plus rien à dire ;
Mais je crains pour le diamant.

LE COMPERE.
Il se donne en haste un coup de peigne.

C'est peu pour cét heureux moment.

CROQUILLON.

Monsieur, Ragot est à la porte.

LE COMPERE *bas en colere.*

Que veut-il ? Le diable l'emporte :
Cours luy dire que d'aujourd'huy

Je ne puis pas parler à luy,
Et qu'une affaire d'importance....

CROQUILLON.

Il n'est plus temps, car il avance.

LE COMPERE *bas en colere.*

Le diable le puisse emporter ?
Coquin, veux tu pas l'arrester ?

CROQUILLON.

Il vient, songez à luy répondre.

LE COMPERE *bas en colere.*

Que l'enfer le puisse confondre !
Un Vautour luy mange le cœur !

SCENE III.

LE COMPERE, M. RAGOT, CROQUILLON.

LE COMPERE *haut.*

Ah ! Monsieur, vostre serviteur.

M. RAGOT.

Je vous ay détourné peut-estre.

LE COMPERE.

Vous vous mocquez.

CROQUILLON.

Ah qu'il est traitre !

M. RAGOT.

Sans vous, amy, je suis perdu.

LE COMPERE *bas.*

Fusse tu mille fois pendu,
Monsieur, allât-il de ma vie
       haut.
Je ne perdray jamais l'envie
De vous prouver ma passion.

M. RAGOT.

Je suis dans la confusion.

LE COMPERE *bas.*

Et moy je suis dedans la rage.

CROQUILLON.

Cela ne va pas mal, courage.

M. RAGOT.

Portez vous à deux pas d'icy,
Vous m'allez oster de soucy.

LE COMPERE.

J'irois pour vous jusques à Rome
Les pieds nuds.

CROQUILLON.

Ah, le méchant homme ?

LE COMPERE.

Et je vous donnerois mon cœur.

M. RAGOT.

Vostre franchise & vostre ardeur,
Se trouve pour moy sans seconde.

LE COMPERE *bas.*

Derechef l'enfer te confonde ;
Je crains qu'on ne m'aille ravir
                              haut.
L'avantage de vous servir,

M. RAGOT.

Partons.

Le Compere à son Valet.

Tu le payeras, traitre.

SCENE IV.

CROQUILLON *seul.*

Ee bien, vit-on jamais paraistre
Une plus grande trahison ?
Si je rentre dans ta maison
Puissent toutes les chambrieres
Me donner cent coup d'étrivieres.
Je ne puis pas trouver, je croy,
Un plus méchant maistre que toy.

SCENE V.

LUBIN, LUBINE.

LUBIN.

Diable soit ta chienne de vie !
Dit, Carogne as-tu point envie
De me traitter plus doucement ?

LUBINE.

Va : reporte la seulement
Au boucher, & sans plus attendre,

LUBIN.

Il ne voudra pas reprendre,

LUBINE.

Mais me veux tu faire enrager ?
Crois-tu que je puisse manger
De cette teste ? Va la rendre.

LUBIN.

Il ne la voudra pas reprendre.

LUBINE.

Elle put, ne la sens tu pas,

Dis luy qu'on la sent de dix pas,
Et qu'il jouë à se faire pendre.

LUBIN.

Il ne la voudra pas reprendre.

LUBINE.

Si tu me fais prendre un baston.
Mais voyez son diable de ton !
Il ne la voudra pas reprendre !
Ma foy ! si tu me fais te prendre !
Je te donneray du gros bout,
Et dessus le ventre & par tout
Chien de cornard.

LUBIN.

    Je le confesse,
Quand tu n'estois que ma maistresse,
Voyant tout ce que tu faisois
Je vis bien que je le serois ;
Et le diable ayant l'avantage
D'avoir fait nostre mariage,
Il n'a pas trop mal reussi,
Car il le vouloit bien aussi.

LUBINE.

Ah ! que de t'avoir je suis lasse :
L'on me montre au doigt quand je passe,
Voila la femme de ce gueux,
Dit-on.

LUBIN.

Moy l'on me montre à deux.

LUBINE.

Moy, t'avoir pris ! moy qui suis fille
D'un bon Tapissier de la ville.

LUBIN.

C'est pourquoy, l'on me l'a bien dit,
Tu fais de si bons tours de lit.

LUBINE.

Quoy tu veux jaser, chien d'yvrogne !
Reporte donc cette charogne,
Ou je te vay rompre les bras.

LUBIN.

J'y vay, ne me frappe donc pas :
Mais comme il ne la pourra vendre :
Il ne la voudra pas reprendre.

LUBINE.

Encore : tu le payeras
Aussi-tost que tu reviendras :
Ne suis-je pas bien miserable
D'avoir pris un homme semblable ?
Ce gueux estoit distributeur
De ces billets d'Operateur
Il gagnoit deux sous la journée.
Regardez combien c'est l'année,

Sans aller conter par ses doigts
C'est tout juste un écu par mois.
N'est-ce pas pour faire grand chere.
C'estoit un objet de misere,
Il estoit tout deguenillé,
Voyez comme il est habillé,
Cependant depuis peu le traistre !
Voudroit je croy faire le maistre !
Il ne veut que ce qu'il luy plaist.
Le sot, je l'ay fait ce qu'il est.

SCENE VI.

LUBIN, *l'ayant écoutée.*

Est-ce une si belle besogne
Pour t'en oser vanter, carogne ?
Fay moy, du moins, m'ayant fait sot
La grace de n'en dire mot.
Dans l'heureux âge d'innocence
L'on estoit toûjours dans l'enfance ;
L'homme et la femme estoient heureux,
Ils joüoient à de petits jeux,
Comme à Pont neuf, à Climusette,
Ou bien à ry ry Bouliette,
Au pied de bœuf, aux osselets,
A d'autres plus beaux, ou plus laids,
Au corbillon, à la pantouffle,
En veux-tu plaider siffle souffle.
A Colin-maillard, aux combats,
A cache cache Mitoulas,
Au combien, à la sage femme,
A l'accouchée, au Trou-Madame :
L'un d'eux disoit changeons de jeu,
Joüons à la queuë leu leu,
Il est bien plus beau ; ce me semble,
Car on se tient toûjours ensemble.
La femme après avoir bien ry
Prenoit la queuë à son mary.
Et le tout avec innocence,
Mais nous sommes en recompense
Depuis ce temps là qui n'est plus
Un nombre infiny de Cocus :

Ma femme a franchi la parole,
Je le suis & je me console,
Et quantité qui font icy
S'en doivent consoler aussi.
Je suis bien le plus miserable,
Car je suis battu comme un diable
D'un drole qui fait les yeux doux
Qui mange & qui couche chez nous :
N'est-ce pas pour estre en colere ?
Elle l'appelle son compere,
Il est prés d'elle jour et nuit.
Il couche dans nostre grand lit,
Moy dessous dans une roulette,
Ma femme dans une couchette
Sous un pavillon chaudement.
Le soir on me dit rudement
Couppe du pain bis & du beure :
Et te va coucher de bonne heure,
Quand j'ay souppé de mon pain bis,
Que j'ay decrotté leurs habits,
Que toute ma besogne est faite
Je me jette dans ma roulette,
Mais elle & son passionné
Sont jusques à minuit sonné...

SCENE VII.

LE COMPERE, LUBIN.

LE COMPERE.

Est-elle au logis, ma Commere ?

LUBIN.

Oüy, Monsieur : voila le Compere.
Voyez s'il heurte ? point du tout,
Son diable de passe-par-tout,
Sçait ouvrir toutes nos serrures :
Que je m'en vais avoir d'injures
D'estre à mettre le pot au feu !
Nous allons, je croy voir beau jeu,
Voicy ma besogne ordinaire.

SCENE VIII.

LUBINE, LUBIN.

LUBINE.

Frotte les souliers du Compere :
He bien, chien ? ta teste de veau ?

LUBIN.

Il m'a redonné d'un morceau
Qui sera fort bon & fort tendre.

LUBINE.

Il ne la voudra pas reprendre ?
L'a t'il pas reprise, faquin ?

LUBIN.

Vrayment oüy.

LUBINE.

Va querir du vin,
Et que le rotisseur nous barde
Une bonne & grasse poularde
Pour disner mon Compere & moy.
Tu prendras, si tu veux pour toy,
Ou des noix, ou bien du fromage :
Redonne ces souliers.

SCENE IX.

LUBIN *seul.*

J'enrage,
Et si Job en ma place estoit
Je pense qu'il enrageroit
Et qu'il diroit en sa colere
La peste étouffe le Compere
Le diable luy casse les os.

SCENE X.

M. RAGOT, LUBIN.

M. RAGOT.

L'occasion s'offre à propos ;
Alons donc jetter par avance
Les fondemens de ma vengeance :
Je ne travailleray point mal
Si je puis chasser mon rival
D'auprés cette impudente femme.
Va n'as-tu point de honte infame,
Que les voisins entendent tous
Ta femme te roüer de coups ?

LUBIN.

Il est vray, voisin, mais q'y faire ?
Faut-il que je m'en desespere ?
Le maudit compere qu'elle a
Me hait, & l'oblige à cela.

M. RAGOT.

Que fait-il chez toy ce compere ?

LUBIN.

Il fait ce que j'y devrois faire.

M. RAGOT.

J'ay feint d'avoir adroittement
Besoin de luy pour un moment ;
Pour l'avertir qu'on le blasme
De voir trop librement ta femme :
Mais loin d'en estre inquieté
En se mocquant il m'a quitté ;
Il alloit troussant sa moustache
Te monter un vilain panache.

LUBIN.

Vous m'eussiez obligé beaucoup
Voisin, de détourner ce coup.

M. RAGOT.

Encor passe pour ce Compere,
Car nos femmes ont d'ordinaire
Pour nostre plus grand ennemy
Quelque Compere ou quelque amy ;
Mais on te croit sans raillerie
Chef de la grande Confrairie.

LUBIN.

Voisin, je suis ce que je suis,
Et d'estre autrement je ne puis ;
Ma femme est, & coquette, & belle,
Je m'en ry tout tombe sur elle,
C'est son affaire, brisons-là :
Mais le plus grand deffaut qu'elle a,
Au moins le plus insupportable,
C'est qu'elle me bat comme un diable,
Car ses coups me rendent la peau

Plus noir que vostre chapeau.

M. RAGOT.

Vois-tu voisin ! je suis un homme....

LUBIN.

Je le sçay, qui revient de Rome.

M. RAGOT.

J'ay bien esté dans d'autres lieux,
Et si je ne suis pas trop vieux.

LUBIN.

Peut-on aller plus loin que Rome ?

M. RAGOT.

Tu n'en as guere veu, pauvre homme !

LUBIN.

Guere ? J'ay pourtant veu Paris,
Et le thresor de saint Denis.

M. RAGOT.

C'est voir, sans voir toute la France
Ce qui s'y voit de consequence.

LUBIN.

Mais peste ! je m'amuse bien

J'auray tantost du rost de chien,
Je vay revenir.

M. RAGOT.

  Non demeure,
Je m'en vay te ravir sur l'heure :
T'entretenir, estant pressé
De tous les lieux où j'ay passé,
Ces recits seroient incommodes.
Sçache qu'estant aux Antipodes
L'on me fit present d'un thresor
Qui vaut plus d'un million d'or,
Et si ce n'est qu'une racine,
Laquelle mise sur l'echine
D'une femme fut-ce un Demon,
La rend plus douce qu'un mouton.

LUBIN.

Peste ! l'admirable racine !
D'où peut venir son origine ?

M. RAGOT.

Du pied d'un arbre que j'ay veu
Qu'avoit planté Lusse-tu-cru
A ce qu'on dit, & puis fit Gilles.

LUBIN.

Peste ? il estoit des plus habilles :
Ce bois a cette faculté ?

M. RAGOT.

Si ta femme en avoit tasté.

LUBIN.

Vrayment je veux bien qu'elle en taste ;
Mais une autre fois, car j'ay haste.

M. RAGOT.

Attend, dans un quart d'heure, ou deux
Elle en tastera si tu veux ;
Ce ne seroit plus elle mesme,
Sa douceur deviendroit extresme
Par la faculté de ce bois.

LUBIN.

La baiserois-je quelque fois ?
Pourrois-je coucher avec elle ;

M. RAGOT.

He quoy donc ? la grande nouvelle !
N'y couches-tu pas quand tu veux ?

LUBIN.

Mort-bleu ! que je serois heureux !
Ce seroit une bonne affaire !
Mais où coucheroit le Compere ?

M. RAGOT.

Qu'il couche au diable desormais.

LUBIN.

Elle ne le voudra jamais,
C'est un homme qu'elle idolatre.

M. RAGOT.

Mais tu la battras comme plastre
Si tu veux, & tu luy feras
Faire tout ce que tu voudras.
Elle viendra dans sa colere
Te traitter comme à l'ordinaire :
Comme elle prendra son haut ton,
Tu tiendras ferme ce baston,
Qui vaut mieux que deux vertes gaules :
Tu luy sangleras les espaules
Seulement de quinze ou vingt coups,
Tu la verras à tes genoux
Plus souple & plus obeïssante
Qu'une jeune & neufve servante,
Te dire en larmes, je promets
De n'aimer que toy desormais,
De ne plus souffrir le Compere.

LUBIN.

Ce seroit bien là mon affaire :
Mais l'homme qui l'avoit trouvé
Ce baston...

M. RAGOT.

    L'avoit éprouvé :
Mais connoissois-tu pas ma femme ?

LUBIN.

Oüy, c'estoit une bonne lamme.

M. RAGOT.

Trois coups la rendirent d'abord
Plus douce qu'un enfant qui dort :
Mais il faut dedans ta memoire
Mettre quatre mots de Grimoire,
Et les dire, autrement, ma foy,
Les coups retourneroient sur toy.

LUBIN.

Ah ! je veux donc bien les apprendre.
Avant que de rien entreprendre.

M. RAGOT.

Oüy, car il les faut prononcer
Auparavant que commencer,

LUBIN.

Elle va revenir, je meure :
Apprenés les moy tout à l'heure
Et nous allons dans un moment
Voir un diable de changement
Pour elle & pour moy fort risible,
Si le secret est infaillible
Je ne vous épargneray rien,
Prenés mon honneur & mon bien,
J'ay fort peu de l'un & de l'autre,
Mais disposez comme de vostre.

M. RAGOT.

Va je ne te demande rien,
Voicy les mots retient les bien.

LUBIN.

Vrayment pour cesser d'estre esclave…

M. RAGOT.

Tasse rouzi friou titave.

LUBIN.

La peste ! quels diables de mots !
Je ne trouve plus à propos
De les apprendre tout à l'heure,
Il me faut deux mois, ou je meure
Avant que de les bien sçavoir ;
Adieu, voisin, jusqu'au revoir.

M. RAGOT.

Demeure, il n'est rien plus facile :
Quand tu serois plus imbecile
Que la mesme imbecilité,
Je donne la facilité
D'apprendre en un jour une histoire.

LUBIN.

Mais donnez-vous de la memoire ?
Il faudroit viste m'en fournir
Car ma femme va revenir.

M. RAGOT.

Dy donc, tu n'as que de la bave :
Tasse rouzi friou titave.

LUBIN.

Tasse, rosty...

M. RAGOT.

Quoy ! quatre mots....

LUBIN.

Patience, un peu de repos.

M. RAGOT.

Tasse...

LUBIN.

Je sçay bien une tasse
Dans laquelle on boit.

M. RAGOT.

Je me lasse.

LUBIN.

Dites-les moy plus posement.

M. RAGOT.

Je parle assez distinctement
Tasse rouzi…

LUBIN.

Disons ensemble.

M. RAGOT.

Pourquoy m'interrompre ?

LUBIN.

Il me semble
Que quand nous parlerons toux deux
Je les diray peut-estre mieux.

M. RAGOT.

Tasse.

LUBIN.

Tasse. Dis-je pas bien ?

M. RAGOT.

Acheve,

LUBIN.

Je ne sçay plus rien.

M. RAGOT.

Et comment donc pretens-tu faire ?

LUBIN.

Il faut achever nostre affaire.

M. RAGOT.

Mais quoy ! si tu ne retiens pas.

LUBIN.

Mais que l'on parle mal là bas !
Le langage est bien incommode
Dedans la ville d'Antipode !
Cela me feroit detester.

M. RAGOT *à part.*

Je ne me veux point rebutter,
Il faut s'armer de patience
Pour bien asseurer sa vengeance,
Elle est tantost en mon pouvoir.

LUBIN.

Escoutez, je croy, les sçavoir :
Tasse rouzi friou titave.

M. RAGOT.

Les voilà, tu n'es plus esclave,
Ils te rendront Maistre chez toy.
Adieu.

SCENE XI.

LUBIN, LUBINE.

LUBINE.

Te mocques tu de moy ?

LUBIN.

Ne voila-il pas la carogne ?

LUBINE.

Que fais-tu donc là, chien d'yvrogne ?

LUBIN.

Tasse rouzi friou.... J'y fais....
Il ne m'en souviendra jamais,
Voisin :

LUBINE.

Dis sot, est-ce pour rire.

LUBIN.

Il s'en est allé sans rien dire,
Elle a raison, faute d'un mot
Je ne suis encore qu'un sot.
Il rimoit ce me semble à cave :

Tasse rouzi friou titave.
Bon je l'ay retrouvé sans vous.

LUBINE.

Il faut le mettre au rang des foux.

LUBIN.

Des foux ! pas tant fou que l'on pense :
Allons, fais moy la reverence.
Et quelque joly compliment.

LUBINE.

Il a perdu le jugement.
Comme ce coquin fait le grave !

LUBIN. *Il la frappe.*

Tasse rouzi friou titave.

LUBINE.

J'y vay, ne me frappe donc pas.

LUBIN.

La reverence, bas, plus bas,
Ma foy, cette racine est drôle !
Allons, qu'on jouë un autre roole.

LUBINE.

D'où peut venir cet enragé ?
Dis donc, que diable as-tu mangé ?

LUBIN. *Il la frappe.*

Ah coquine tu m'injuries.

LUBINE.

Mon mignon, quitte ces furies.

LUBIN.

Mon mignon ! hé mon chien de cœur :
D'où diable me vient cet honneur ?
Crois-tu parler à ton Compere ?
Tasse rouzi friou, j'espere
                 Il la frappe.
Te reconnoistre quelque jour.

LUBINE.

Helas ! pardon mon cher amour,
Que veux-tu ? d'où vient ta colere ?

LUBIN.

Va mettre dehors ce compere,
Et ne le regarde jamais,
Va viste, & reviens : desormais
Je suis le mary de ma femme,
Tasse rouzi friou, mon ame.

SCENE XII.

LE COMPERE, LUBINE, LUBIN.

LE COMPERE.

Sortir si brusquement ! pourquoy
Dittes donc.

LUBINE.

Pour l'amour de moy.

LE COMPERE.

Ah ! c'est en peu de mots tout dire,
J'obeïs, & je me retire.

LUBIN.

Voila le Compere sorty,
Bon.

LUBINE.

Mon amour, il est party.

LUBIN.

Il est party ! ton cœur soûpire !
Allons, tout à l'heure il faut rire

LUBINE.

Rire et pleurer, je ne puis pas.

LUBIN.

Ris, ou je te romperay les bras,
Ma racine est mal employée.

LUBINE.

Riray-je à gorge déployée ?

LUBIN.

Oüy-dà, bien fort ; bon, ne ris plus,
Je trouve tes ris superflus ;
Pleure à present à chaudes larmes ;
On dit que ta voix a des charmes,
Chante, éternuë, auparavant.

LUBINE.

Moy que j'éternuë, & comment ?

LUBIN.

Comme tu voudras, éternuë,
Eternuë, ou bien je te tuë.

LUBINE.

Mais je ne le puis pas, ma foy.

LUBIN.

Tasse friou titave, à moy.

LUBINE.

Mais cela n'est pas volontaire.

LUBIN.

Ah ! j'ay tort s'il ne se peut faire,
Fais donc un feint éternuement ;
Dieu t'assiste, je suis content.

LUBINE.

Je le crois tu le dois bien estre,
Tu voulois tant faire le maistre,
Tu l'es de la bonne façon.

LUBIN.

A propos, chante la chanson....
Et là, cette chanson qu'on chante.

LUBINE.

Qui moy ! j'ay la voix trop méchante.

LUBIN.

Et la voix, l'esprit, & le corps,
Tu n'es bonne que quand tu dors,
Mais vois-tu, je veux estre maistre,
Et c'est enfin mon tour de l'estre :
Chante pour charmer mes ennuis.

LUBINE.

Je suis malade & je ne puis.

LUBIN.

Il faut donc prendre medecine.
Quatre prises de ma racine
Purgent les mauvaises humeurs.

LUBINE.

Ah ! je n'en puis plus, je me meurs.

LUBIN.

Que tu fais mal la decedée !
Tu ferois mieux la possedée.

LUBINE.

Cesse tes coups, je n'en puis plus.

LUBIN.

Chante, tes pleurs sont superflus ;
Je suis fort content que tu meures,
Pend toy, si tu veux dans deux heures,
Je veux avant que voir ta fin
T'entendre dire Ah ! le bon vin,
Tu as endormy ma mere,
Mais jamais, jamais,
Toure, loure, loure, loure,
Mais jamais, jamais,
Tu ne m'endormiras.

LUBINE & LUBIN *chantent.*

Ah ! le bon vin !
Tu as endormy ma mere,
Mais jamais, jamais,
Toure, loure, loure, loure,
Mais jamais, jamais,
Tu ne m'endormiras.

LUBIN.

Mon mignon, mon friou titave,
Commande, je suis ton esclave.

SCENE DERNIERE.

M. RAGOT, LE COMPERE.
Sortans chacun d'un costé.
LUBIN, LUBINE.

LUBIN.

Ah, voisin !

M. RAGOT.

As-tu reussy ?

LUBIN *au Compere.*

Que venez-vous chercher icy ?

LE COMPERE.

Hen.

LUBIN.

Ne faites pas tant le brave ;
Tasse rouzi friou titave,
Vous pourroit mal-traiter, ma foy,
Vostre giste n'est plus chez moy,
Le temps est passé.

LE COMPERE.

Hé compere !

LUBIN.

Il n'est compere ny commere,
Vous devez estre satisfait
De tout ce que vous avez fait ;
Contez-le pour vostre partage,
Vous n'en ferez pas davantage,
Car j'useray de mon pouvoir.

LE COMPERE.

Et moy je vous feray sçavoir....

LUBIN.

Ah ! vous voulez faire le brave,
Tasse rouzi friou titave.
Mon fils voicy le coup d'honneur
Sers ton tres-humble serviteur,
Et fais au moins sur le Compere
Ce que tu fais sur la Commere,
Comme diable il gagne le haut.

M. RAGOT.

Mais suis-je vangé comme il faut ?
Si vous menez Jean, Jacques ou Blaise,
Enfin quelque amy qui vous plaise,
Faire chez vous quelque repas
Que vostre femme n'aime pas,
Et qu'elle vous fasse la mine,
Venez emprunter ma racine.

LUBIN.

Par elle mon sort a changé.

M. RAGOT.

Voila, Messieurs, le Sot vangé.

FIN.

A PARIS,

Chez JEAN RIBOU, au Palais

Dans la Salle Royale, à l'Image

Saint Loüis

M. DC. LXXVIII